Walther Ziegler

Freud
in 60 Minuten

Dank an Rudolf Aichner für seine unermüdliche und kritische Redigierung,
Silke Ruthenberg für die feine Grafik, Angela Schumitz, Lydia Pointvogl, Eva Amberger,
Christiane Hüttner, Dr. Martin Engler für das Lektorat
und Dank an Prof. Guntram Knapp, der mich für die Philosophie begeistert hat.

Es ist [...] das Programm des Lustprinzips, das den Lebenszweck setzt. Dies Prinzip beherrscht die Leistung des seelischen Apparates von Anfang an; an seiner Zweckdienlichkeit kann kein Zweifel sein, und doch ist sein Programm im Hader mit der ganzen Welt, mit dem Makrokosmos ebenso wohl wie mit dem Mikrokosmos.[1]

Bibliografische Information der Deutschen Nationalbibliothek:
Die Deutsche Nationalbibliothek verzeichnet diese Publikation in der Deutschen Nationalbibliografie; detaillierte bibliografische Daten sind im Internet über www.dnb.de abrufbar.

© 2015 Dr. Walther Ziegler
2. Auflage Juli 2015
Umschlaggestaltung und Grafik des gesamten Buches: Silke Ruthenberg
unter Verwendung von Illustrationen von:
Raphael Bräsecke, Creactive – Atelier für Werbung, Comic & Illustration (Zeichnungen)
© JackF - Fotolia.com (Bilderrahmen)
© Valerie Potapova - Fotolia.com (Bilderrahmen)
© Svetlana Gryankina - Fotolia.com (Sprechblasen)
Herstellung und Verlag:
BoD – Books on Demand, Norderstedt
ISBN: 978-3-7347-8024-0

Inhalt

Freuds große Entdeckung 7

Freuds Kerngedanke 20
  Orale, anale und phallische Phase 20
  Der Ödipuskomplex 26
  Der Triebkonflikt 31
  Der psychische Apparat 35
  Libido und Triebbefriedigung 42
  Die Sublimierung 46
  Die Verdrängung 51
  Abwehr und Symptombildung 53
  Therapie und Übertragung 57
  Heilung und Psychosynthese 61
  Aus Es soll Ich werden 63
  Das Unbehagen in der Kultur 70

Was nützt uns Freuds Entdeckung heute? 73
  Dem Lustprinzip folgen:
  Lustgewinn suchen – Unlust vermeiden 73
  Aus Es soll Ich werden –
  vom Lustprinzip zum Realitätsprinzip 75
  Zwischen Scylla und Charybdis –
  das Geheimnis der guten Erziehung 78
  Angst gehört zum Leben –
  mit ihr umgehen lernen, heißt leben lernen 81

Zitatverzeichnis 87

Freuds große Entdeckung

Sigmund Freud (1856-1939) ist zweifellos einer der bedeutendsten Denker des zwanzigsten Jahrhunderts. Wie kein anderer hat er unser modernes Selbstverständnis geprägt, die Art und Weise, wie wir uns selbst sehen. Es ist sein Verdienst, dass wir uns heutzutage nicht mehr nur als rationale Verstandeswesen, sondern auch als Gefühlswesen mit Ängsten, Wünschen und Sehnsüchten begreifen. Zweitausend Jahre lang hat die Philosophie den Menschen nur von seiner Vernunft her interpretiert. „Ich denke, also bin ich", sagte beispielsweise der französische Philosoph René Descartes und behauptete, dass das logische Denken das Wesen des Menschseins ausmache. Der Körper sei nur der Diener des Geistes.

Freud widerspricht dieser Auffassung fundamental. Es sei genau umgekehrt. Der Mensch, so entgegnet er provokativ, ist ein Triebwesen, ein „Homo Natura". Er folgt vor allem seinen Trieben, Bedürfnissen und Instinkten. Der Geist ist nur ein sekundäres Phänomen, ein Diener der Triebe. Denn, so Freud:

> Der Mensch ist nichts anderes und nichts Besseres als die Tiere [...].[2]

Unsere Wahrnehmung der Welt und unser Handeln sind nach Freud weniger von Vernunft als von Gefühlsregungen bestimmt, derer wir uns nicht bewusst werden. Wir glauben zwar stets logisch und vernünftig zu handeln, in Wirklichkeit aber werden wir von unbewussten Wünschen regiert. Wenn man der Wahrheit ins Auge sehe, könne man nur zu der Schlussfolgerung kommen:

> [...] dass das Ich nicht Herr sei in seinem eigenen Haus.[3]

Freuds große Entdeckung

Die Philosophen hätten sich mit ihrer Überhöhung der Vernunft geirrt und wären zweitausend Jahre lang einem falschen Weg gefolgt. Mit dieser radikalen Feststellung machte er sich die gesamte abendländische Philosophie zum Feind. Der Philosoph Heidegger warf ihm vor, er „begaffe Seelenzustände", Karl Jaspers bezeichnete die Entdeckung unbewusster Sehnsüchte und Triebe gar als „Afterphilosophie". Angesichts dieser massiven Kritik stellte Freud nüchtern fest:

> Den meisten philosophisch Gebildeten ist die Idee eines Psychischen, das nicht auch bewusst ist, so unfassbar, dass sie ihnen absurd und durch bloße Logik abweisbar erscheint.[4]

Tatsächlich haben die Philosophen Freuds Annahme des Unbewussten zuerst als logischen Widerspruch kritisiert: Entweder hat Freud recht und es gibt in der Psyche tatsächlich einen unbewussten Bereich, dann aber können wir logischerweise nichts über diesen Bereich wissen, denn er ist ja unzugänglich. Auch Freud selbst könnte dann keine Bücher darüber schreiben. Oder aber wir können das Unbewusste doch mit unserem Wachbewusstsein erfassen, dann aber ist das, was wir erfassen, nicht mehr unbewusst, sondern bereits ein bewusster Inhalt des Verstandes. Die Annahme eines unbewussten Bereichs ist in beiden Fällen überflüssig und unsinnig.

Doch Freud beharrte darauf, dass das Unbewusste existiert, auch wenn es sich meist dem Zugriff der Vernunft entzieht. Allerdings - und damit entkräftete er den Vorwurf seiner Kritiker - gibt sich das Unbewusste von Zeit zu Zeit sehr wohl zu erkennen. Im Traum, in der Hypnose, im Lachen und Weinen, in versehentlichen Versprechern, in bestimmten Abwehrmechanismen, Symptomen und Fehlleistungen dringen unbewusste Inhalte verschlüsselt an die Oberfläche. In Träumen melden sich beispielsweise Wünsche und Ängste zu Wort, die wir aus dem Wachbewusstsein verdrängt haben. Manche Träume sind geradezu aufdringlich und wiederholen sich in verschiedenen Variationen. Dies liegt nach Freud daran, dass sich unbewusste Regungen nicht einfach unterdrücken lassen. Sie verschaffen sich Gehör, indem sie ihre Traumbotschaft manchmal sehr hartnäckig wiederholen, denn, so Freud:

Freuds große Entdeckung

> Wir können ganz allgemein versichert sein, dass jede Wunschregung, die sich heute einen Traum schafft, in einem anderen Traume wiederkehren wird, solange sie nicht verstanden und der Herrschaft des Unbewussten entzogen ist.[5]

Erst, wenn wir den Trauminhalt beachten, seine oft hilfreiche Bedeutung entschlüsseln und in unser Leben integrieren, werden wir frei von den wiederkehrenden Regungen aus dem Unbewussten. Träume können also hilfreiche Botschaften enthalten.

Auch die Schilderungen seiner Patienten waren für Freud ein Beleg für die Existenz des Unbewussten. Bei der Behandlung stieß er nämlich auf das Phänomen, dass Menschen manchmal Dinge tun, die sie bewusst gar nicht tun wollen. So haben Patienten mit Waschzwang, die sich bis zu zwanzig Mal am Tag die Hände waschen, keine bewusste Erklärung für ihr Handeln – so sehr sie auch darüber nachdenken. Ihnen ist sogar bewusst, dass sie durch das ständige

Händewaschen die Hygiene nicht weiter verbessern können, sondern im Gegenteil ihre Haut überreizen. Es fehlt ihnen also nicht nur eine rationale Erklärung für ihr Handeln, sie kämpfen oft sogar vergeblich dagegen an. Freud schließt daraus, dass es neben dem Bewusstsein noch eine zweite, unbewusste Kraft geben muss, die das Händewaschen hartnäckig einfordert, aus Gründen, die dem Wachbewusstsein verborgen bleiben.

Sehr gut lässt sich das Wirken des Unbewussten auch an dem immer wieder auftretenden Bettnässen zeigen. So gibt es erstgeborene Kinder, die im Alter von fünf bis zehn Jahren plötzlich wieder anfangen, ins Bett zu machen. Dies ist ihnen sehr peinlich. Das Phänomen tritt zumeist dann auf, wenn ein zweites Kind geboren wird, dem die Eltern aufgrund seiner Bedürftigkeit erst einmal ihre ganze Zuwendung schenken. Das sich vernachlässigt fühlende Erstgeborene wird eifersüchtig auf den Neuankömmling, spürt aber zugleich die Erwartungshaltung der Eltern, sich über das Geschwisterchen zu freuen. So unterdrückt es seine Eifersucht, reagiert aber unbewusst mit Bettnässen. Es lässt sich im Schlaf ins Säuglingsalter zurückfallen und damit in eine Lebensphase, in der es noch die ungeteilte Aufmerksamkeit der Eltern bekam. Freud nennt ein solches

Verhalten eine Regression, abgeleitet vom lateinischen Wort „Rückschritt", also einen unbewussten Rückzug auf einen lustvoll erlebten Zustand in der Vergangenheit. Das Interessante dabei ist, dass das Kind durch sein Verhalten in der Regel tatsächlich wieder mehr Zuwendung bekommt und der Konflikt sich gerade dadurch löst. Die unbewusste Reaktion hat also durchaus einen Sinn.

Freuds große Entdeckung besteht also letztlich darin, dass der gesunde ebenso wie der kranke Mensch in seinem Verhalten stets von unbewussten Neigungen, Konflikten und Wünschen beeinflusst wird. Bei Versprechern oder anderen Fehlleistungen, bei denen man eigentlich etwas ganz anderes sagen oder tun wollte, zeigt sich die tiefe Kraft des Unbewussten, die unserem Verstand jederzeit einen Streich spielen kann. Meistens verbirgt sich in Versprechern eine tiefere Wahrheit.

Obwohl Freud mit immer neuen Fallgeschichten von Regressionen, Fixierungen und anderen psychischen Mechanismen die Dimension des Unbewussten beschreiben und mit Hilfe der Psychoanalyse neurotische Erkrankungen behandeln konnte, gab es große Vorbehalte gegen seine Therapiemethode. Er selbst hatte dafür eine interessante Erklärung: Seine Entdeckung des Unbewussten stoße deshalb auf so großen Widerstand, weil sie eine narzisstische Kränkung und damit eine Verletzung der menschlichen Eitelkeit bedeute. In der ganzen Menschheitsgeschichte, so Freud, hätte es drei große Kränkungen gegeben: Die erste - die sogenannte kosmologische Kränkung - hätte Kopernikus der Menschheit zugefügt, indem er behauptet hatte, dass die Erde nicht im Mittelpunkt des Universums steht. Da die Sterne keineswegs um uns herum kreisen, sind wir auch nicht der Nabel der Welt, sondern nur eine Randerscheinung. Als nächstes folgte Darwins biologische Kränkung der Menschheit. Der Mensch, so behauptete Darwin, ist kein Geschöpf Gottes, sondern lediglich ein höheres Säugetier. Und schließlich hätte er, Freud selbst, die traurige Pflicht gehabt, der Menschheit nach der kosmologischen und biologischen noch die psychologische Kränkung zuzufügen. Er habe die unbequeme Wahrheit vermitteln müssen, dass der Mensch nicht, wie er seit Jahrtausenden glaubte, aus freiem Willen handelt, sondern aus unbewussten Trieben heraus, die ihm selbst verborgen sind.

Freuds Entdeckung des Unbewussten in der Psyche war zweifellos revolutionär. Seine Forschungen veränderten das Verständnis psychischer Krankheit grundlegend. Vor Freud wurden psychisch Kranke noch mit Schockbädern und Eisduschen behandelt oder in riesigen mechanischen Zentrifugen im Kreis gedreht, damit das Blut in den Kopf schieße und der Geist sich zentrieren könne. Dies zeigt, dass die damalige Psychiatrie hinsichtlich der Therapie psychischer Krankheiten noch weitgehend im Dunkeln tappte. So warnten Psychiater noch um 1900 zur Zeit Freuds vor Eisenbahnfahrten, da sie meinten, die schnell vorbeiziehenden Bilder führten zu nervösen Störungen. Auch gab es im ausgehenden neunzehnten Jahrhundert in katholischen Ländern noch Teufelsaustreibungen. Dabei sollten „Besessene" mit Gebeten von bösen Geistern befreit werden.

Freud erkannte als einer der ersten, dass psychische Erkrankungen nicht einfach von außen in die Menschen eindringen oder von ihnen Besitz ergreifen, sondern eine Folge lebensgeschichtlicher Erfahrungen sein können. Unter anderem stellte er fest, dass nicht verkraftete schmerzvolle Erlebnisse aus der Kindheit auch das spätere Erwachsenenleben belasten können. Dieser neue Ansatz machte eine neue Wissenschaft erforderlich: die Psychoanalyse. Als Arzt und Naturwissenschaftler sezierte Freud zu Beginn seiner Forschungen noch Nervenstränge und suchte nach materiellen Ursachen für psychische Erkrankungen, doch schon bald stellte er fest, dass es sich dabei um seelische Prozesse handeln musste.

Als niedergelassener Nervenarzt behandelte er Patienten mit den unterschiedlichsten Symptomen und gewann so immer neue Erkenntnisse. Freuds Lebenswerk verdanken wir einen tiefen Einblick in die menschliche Psyche. Er ist der Begründer der Psychoanalyse, einem Heilverfahren, bei dem die Patienten ohne Medikamente allein durch Gespräche therapiert werden. Darüber hinaus hat er uns - und das ist seine zweite herausragende Leistung - eine neue Anthropologie, eine Lehre vom menschlichen Wesen hinterlassen. Denn nicht nur der psychisch Kranke, auch der gesunde Mensch hat bestimmte Abwehrmechanismen und Verhaltensweisen, mit denen er sein Leben bewältigt. Freuds ganze Leidenschaft galt der Aufdeckung dieser psychischen Mechanismen. Er war zwar Arzt und Psychologe, vor allem aber war er Entdecker. So schreibt er von sich selbst:

> Ich bin nämlich gar kein Mann der Wissenschaft, kein Beobachter, kein Experimentator, kein Denker. Ich bin nichts als ein Conquistadorentemperament, ein Abenteurer [...] mit der Neugierde, der Kühnheit und der Zähigkeit eines solchen.[6]

Tatsächlich entdeckte Freud genau wie der Konquistador Kolumbus einen neuen Kontinent. Er erforschte ein bis dahin unbekanntes Terrain, das Land unserer Wünsche, Ängste und Träume. Als Kolumbus mit seinen drei Schiffen in See stach, um zu beweisen, dass die Erde rund sei, erklärten ihn viele seiner Zeitgenossen für verrückt. Ähnlich wurde Freud von seinen Kritikern belächelt, angefeindet oder sogar für pervers erklärt. Seine Entdeckung der unbewussten Wünsche und der sexuellen Energie, die unser Leben von Geburt an prägen, war im prüden österreichischen Kaiserreich eine ungeheure Provokation. Freuds neuartige Gesprächstherapie, bei der ihm wildfremde Frauen und Männer auf der Behandlungscouch intimste Erlebnisse erzählten, machte ihn für viele seiner Zeitgenossen zu einem „Monster". Zu ungeheuer war das Neuland, das er betreten hatte.

Noch heute ist sein Werk umstritten, doch eines hat uns Freud als klares Vermächtnis hinterlassen: den sorgfältigen Umgang mit der eignen Psyche und der unserer Mitmenschen. So sicher wie die Existenz von Amerika ist seit Freud die Tatsache, dass der Mensch bestimmte Wünsche und Triebe hat, die er in irgendeiner Weise ausleben muss, um gesund zu bleiben und den Alltag zu bewältigen. Es genügt nicht, nur zu arbeiten und das Notwendige für den Lebensunterhalt zu tun. Wer sich jede Lust, jeden Genuss und jeden Wunsch, zu lieben und geliebt zu werden versagt und sich nie etwas gönnt, wird am „Nicht-gelebten-Leben" erkranken. Denn, so Freud:

> Alle, die edler sein wollen, als ihre Konstitution es ihnen gestattet, verfallen der Neurose;[7]

Um unser Leben bewältigen zu können, müssen wir immer auch dem sogenannten Lustprinzip folgen. „Lustgewinn suchen und Unlust vermeiden", lautet das Motto, das jedem Menschenkind in die Wiege gelegt wird. So folgt der Säugling zunächst einzig und allein seinen Triebregungen. Er saugt, wenn er Hunger hat, schläft, wenn er müde ist und schreit, wenn ihm etwas nicht passt. Erst nach und nach kommt ein zweites mächtiges Prinzip hinzu, das sogenannte Realitätsprinzip. Denn vom heranwachsenden Menschen wird irgendwann die Anerkennung der Realität mit ihren Vorschriften und Regeln verlangt.

Freuds große Entdeckung

Die Einsicht in die Notwendigkeit des Triebverzichtes, die Erziehung zu Sauberkeit und Selbstkontrolle schreitet immer weiter voran, bis schließlich im Erwachsenenleben die Lust den Anforderungen des Berufslebens untergeordnet wird. Der weitgehende Lustverzicht, den die Kultur uns abverlangt, führt nach Freud zu einem „Unbehagen in der Kultur". Zwar sind gesellschaftliche Regeln wichtig für das Zusammenleben, doch wenn der Lustverzicht zu groß wird, besteht laut Freud sogar die Gefahr der psychischen Erkrankung.

Freuds Kerngedanke erscheint auf den ersten Blick einfach. Der Mensch ist ein Triebwesen und sollte seine bewussten und unbewussten Wünsche so gut wie möglich verwirklichen, um lustvoll und gesund zu leben. Gleichzeitig muss er aber die Regeln der Gesellschaft akzeptieren, in die er hineingeboren wird. Doch das wirft eine ganze Reihe von Fragen auf.

Wo sind die Grenzen der Lustunterdrückung und der Moral? Wie kommt überhaupt so etwas wie Moral zustande, wenn der Mensch genau wie das Tier nur ein Triebwesen ist? Wie viel Triebbefriedigung braucht der Einzelne, um gesund zu bleiben? Warum erkranken wir an unserem nicht gelebten Leben, und wie sieht ein gesundes Leben überhaupt aus?

Freuds Kerngedanke

Orale, anale und phallische Phase

Zunächst ist alles ganz einfach: Das neugeborene Kind folgt nur seiner Lust; es kommt auf die Welt und ist bereits ein oraler Genießer. So lutschen ein- bis zweijährige Kleinkinder gerne an ihren Daumen sowie an allen möglichen anderen Gegenständen:

> Die erste und lebenswichtigste Tätigkeit des Kindes, das Saugen an der Mutterbrust [...] muss es bereits mit dieser Lust vertraut gemacht haben. Wir würden sagen, die Lippen des Kindes haben sich benommen wie eine erogene Zone [...]. Anfangs war wohl die Befriedigung der erogenen Zone mit der Befriedigung des Nahrungsbedürfnisses vergesellschaftet.[8]

Freuds Kerngedanke

Der „Säugling", so Freud, wird von uns deshalb so genannt, weil er seine ersten Lebenserfahrungen über das Saugen an der Mutterbrust und das „in den Mund nehmen" der Spielzeuge macht. Es handelt sich dabei um die lustvolle Wahrnehmung der Welt mit den Lippen und der Zunge. Freud nennt diese frühe Lustentfaltung die „orale Phase". Natürlich kommen im Laufe der Zeit noch weitere Lustquellen hinzu, aber der Ursprung der Lust ist die - in allen Kulturen der Welt nachweisbare - Freude am Berühren der Mitwelt mit dem Mund. Dass Kinder das Saugen als lustvoll erleben, steht für Freud außer Frage und kann sogar beobachtet werden:

> Wer ein Kind gesättigt von der Brust zurücksinken sieht, mit geröteten Wangen und seligem Lächeln in Schlaf verfallen, der wird sich sagen müssen, dass dieses Bild auch für den Ausdruck der sexuellen Befriedigung im späteren Leben maßgebend bleibt.[9]

Auch der Schnuller dient nicht der Nahrungsaufnahme, sondern dem Vergnügen. Er ist gewissermaßen

- an Stelle der Mutterbrust - die erste Ersatzbefriedigung.

Im zweiten bis dritten Lebensjahr gesellt sich zur oralen Lust eine weitere Lustquelle: Das Kind bemerkt staunend, dass es mit dem Stuhlgang selbst etwas produzieren kann. Es kann etwas zurückhalten oder herauslassen. Es lernt seine Ausscheidungsorgane zu beherrschen und bewirkt erstmals etwas ohne Mithilfe der übermächtigen Erwachsenen. Freud spricht von der analen Phase. Es mag zunächst verwundern, dass das Kind den Stuhlgang als bedeutsam erlebt. Uns Erwachsenen scheint das keine große Leistung zu sein, da wir im Gegensatz zum Kind viele wichtige Dinge bewirken. Als Schüler produziert man Aufsätze, als Schreiner Mobel, als Mechaniker Autos. Selbst wenn wir im Haushalt arbeiten, beispielweise kochen oder die Wäsche waschen, machen wir doch die Erfahrung, etwas bewirken zu können, und ziehen daraus eine gewisse Selbstbestätigung. Das zweijährige Kleinkind hat aber bis dato keine Chance, etwas selbständig ins Werk zu setzen. Dann, so Freud, gelingt es ihm plötzlich, etwas zu produzieren, etwas, das stinkt. Hinzu kommt, dass die Erwachsenen in der Regel auf diese Leistung reagieren und viel Aufhebens um sie machen, besonders, wenn die Leistung am falschen Ort vollbracht wurde. Jetzt setzt die Reinlichkeitserziehung ein. Die Kinder werden angehalten, auf den Topf zu gehen. Man sagt ihnen, dass das Produzierte schmutzig und eklig ist. Ein erstes Tabu wird aufgebaut. Die uneingeschränkt lustvolle Weltwahrnehmung des Kindes wird nun mit den ersten Regeln und Verboten der Erwachsenenwelt konfrontiert. Die Kontrolle über die Ausscheidung ist somit die erste Kulturleistung, die der kleine Mensch erbringen muss. Erfolgt die Tabuisierung und Reinlichkeitserziehung allerdings zu früh und zu schnell, kann dies beim Kleinkind bereits in dieser frühen Phase zu heftigen Frustrationen führen, die unter Umständen bis in das Erwachsenenleben hinein nachwirken.

So spricht Freud bei Patienten mit bestimmten zwanghaften Verhaltenssymptomen vom anal-sadistischen, pedantischen oder autoritären Charakter. Wird beispielsweise ein Kind mit Gewalt und unter Androhung von Liebesentzug zu früh gezwungen, in den Topf zu machen, kann es ein gegen die Erwachsenenwelt gerichtetes, trotziges und zähes Bei-sich-Behalten entwickeln, das im Erwachsenenleben in Form von Geiz, Ordnungssucht oder Ähnlichem wiederkehrt. In der analen Phase, die Freud auch die anal-sadistische Phase nennt, kommt es neben dem Umgang mit der Ausscheidung auch zu einer ersten

Aggressionsneigung. Die Kinder reißen Insekten die Flügel aus, wollen alles erforschen, gehen offensiv auf die Welt zu und sagen auch mal etwas Böses zur Mutter, sobald sie der Sprache einigermaßen mächtig sind. Auch erste Schimpfwörter aus dem tabuisierten Bereich der Analität sind attraktiv. Die Beschimpfung „Arschloch" gibt es interessanterweise ausnahmslos in allen Kulturen, was Freud als Hinweis auf die große Bedeutung dieser frühen Tabuisierung ansieht.

Im dritten, spätestens vierten und fünften Lebensjahr beginnt nach der Oralität und Analität eine weitere Lustquelle in den Mittelpunkt kindlicher Erfahrung zu rücken: die Genitalien. Es entwickelt sich nach und nach die phallische und klitorale Lust. Die Kinder beginnen jetzt, an ihren Geschlechtsteilen herumzuspielen. Es ist die Zeit der Doktorspiele. Sie nehmen die Unterschiede zwischen Mädchen und Jungen wahr und suchen sich erste Liebesobjekte.

Der Sexualtrieb war bisher vorwiegend autoerotisch, er findet nun das Sexualobjekt.[10]

Dabei wird nun nicht mehr nur der Teddybär libidinös besetzt, sondern auch reale Menschen. Und da bietet sich, laut Freud, in erster Linie die Mutter an. Denn die hat man ja immer in der Nähe. Die erste frühkindliche Verliebtheit des Jungen in die eigene Mutter ist laut Freud zunächst etwas ganz Natürliches und keinesfalls krankhaft. Sie läuft weitgehend unbewusst ab. Freud spricht hier vom Ödipuskomplex.

Der Ödipuskomplex

In der antiken Tragödie gleichen Namens wird Ödipus als Kind ausgesetzt, kehrt aber als Jüngling in sein Heimatland zurück und verliebt sich, ohne es zu wissen, in seine eigene Mutter. Er tötet den Vater, heiratet die Mutter und schläft mit ihr. Doch hinterher erfährt er, dass es sich um seine leibliche Mutter gehandelt und er seinen eigenen Vater getötet hat. Aus Scham sticht er sich selbst die Augen aus. Dieses antike Drama wiederholt sich laut Freud unbewusst und abgeschwächt in Millionen Kinderzimmern:

> Der Sohn beginnt schon als kleines Kind eine besondere Zärtlichkeit für die Mutter zu entwickeln, die er als sein eigen betrachtet, und den Vater als Konkurrenten zu empfinden, der ihm diesen Alleinbesitz streitig macht [...].[11]

Denn die Jungen erwählen in der Regel im Alter von vier bis sechs Jahren die eigene Mutter zum ersten erotisch besetzten Liebesobjekt, empfinden dies aber gleichzeitig als etwas Verbotenes. Sie spüren, dass eigentlich nur der Vater diese Art Liebe mit der Mutter teilen darf. Der Vater macht das auch deutlich. Der Junge hat mit sechs Jahren natürlich schon oft gesehen, dass Mädchen keinen Penis haben und hat nun die unbewusste Angst, dass er, falls er sich der Mutter annähert, vom Vater durch Kastration bestraft würde. Der Vater spricht dies zwar niemals aus, aber es wird von den Jungen so empfunden.

Nach Freud ist es wichtig, dass der Vater das Inzesttabu mit Nachdruck vertritt. Der Sohn lässt so gezwungenermaßen von der Mutter ab und sucht sich ein anderes Liebesobjekt. Unbewusst aber bleibt eine gewisse Wut auf den Vater bestehen, und er spielt mit dem Gedanken, den Vater zu töten. Gleichzeitig aber hat er ein schlechtes Gewissen ob dieser Wut, weil er ja den eigenen Vater nicht hassen darf und dies auch gar nicht will. Um dieses schlechte Gewissen herum gruppieren sich neben dem Inzesttabu noch weitere von Vater und Mutter aufgebaute moralische Gebote. So bildet der Ödipuskomplex den Kern unseres Gewissens, oder wie Freud es nennt, das Über-Ich.

Ähnlich entwickelt sich das Über-Ich bei den Mädchen. Auch sie haben eine Art Ödipuskomplex, obgleich sie natürlich keine Kastrationsangst haben. Auch die Mädchen erwählen zunächst ihre Mutter zum ersten Liebesobjekt, wenden sich aber spätestens mit vier Jahren, wenn sie die Geschlechtergleichheit mit der Mutter erkannt haben dem Vater zu. Hier tritt die Mutter als einschränkende Macht auf. Sie zwingt die Tochter auf Abstand zum Vater zu gehen und so das Inzesttabu zu verinnerlichen. Der Ödipuskomplex ist nach Freud also eine ganz normale Reifezeit der psychosexuellen Entwicklung bei Mädchen und Jungen und somit ein fester Bestandteil jeder Eltern-Kind-Beziehung:

> Ich will nicht behaupten, dass der Ödipuskomplex die Beziehung der Kinder zu den Eltern erschöpft; diese kann leicht viel komplizierter sein. Auch ist der Ödipuskomplex mehr oder weniger stark ausgebildet [...] aber er ist ein regelmäßiger und sehr bedeutsamer Faktor des kindlichen Seelenlebens [...].[12]

Das Tabu der erotischen Mutter- bzw. Vaterliebe setzt sich tief im Unbewussten fest und bildet den Kern des Über-Ichs. So lernen die Kinder, erste moralische Regeln zu beachten. Hat der Säugling einzig und allein nach dem Lustprinzip gelebt, so kommt in der analen und phallischen Phase ein zweites Prinzip hinzu: das Realitätsprinzip. Kinder müssen sich jetzt mit der Realität auseinandersetzen. Sie kontrollieren ihren Stuhlgang, lernen, die Spielsachen anderer Kinder zu respektieren und befolgen das Inzesttabu. In anderen Bereichen haben die Kinder noch keinen inneren Zensor und das Lustprinzip gibt weiterhin den Ton an. Die Kinder äußern ihre Wünsche weiter mit ungeheurem Nachdruck und erreichen meist auch ihr Triebziel, egal ob sie Süßigkeiten oder eine Karussellfahrt fordern.

Entscheidend sind in dieser frühen Phase zwei Momente: Zum einen empfinden Kinder von Anfang an Lust in Form von oraler, analer und später genitaler Lust. In der Pubertät vereinen sich die Partialtriebe unter der Führung der Genitalität. Zum anderen hat Freud erkannt, dass die Persönlichkeitsentwicklung bereits mit diesen frühen Genüssen und Erfahrungen beginnt. Dies betrifft die Charakterbildung im Allgemeinen aber auch spezielle sexuelle Vorlieben. So hat Freud bei der Behandlung von Patienten festgestellt, dass Vorlieben für Stiefel, Nylons oder andere Fetische meist auf libidinöse Fixierungen in der frühen Kindheit zurückzuführen sind. Der Mensch ist also nicht erst im Erwachsenalter, sondern von Anfang an, ein lustvolles Wesen.

Der Triebkonflikt

Freud hat sich aber nicht nur mit der Entwicklung des Sexualtriebes befasst, sondern auch mit der Entstehung des Gewissens. Denn er sah an seinen Patienten, welch enormen Druck das Gewissen auf die Menschen ausüben kann. Auch fragte er sich, wie aus dem lust- und triebgesteuerten Kind am Ende doch ein moralischer und gesetzestreuer Erwachsener werden kann, der sich an Konventionen und Regeln hält. Auch war ihm zunächst unverständlich, wie es zu neurotischen Erkrankungen kommen konnte. Wenn der Mensch nämlich, wie er annahm, ein reines Triebwesen ist, das nach dem Lustprinzip lebt und dem jeweils größten Bedürfnis folgt, dann stellt sich die Frage, warum es überhaupt Verdrängungen und neurotische Symptome gibt. Die Antwort auf diese Frage war für ihn um so schwieriger, als er alle Phänomene wissenschaftlich erklären wollte und für ihn ein Gewissen als göttlich moralische Instanz nicht existierte. Denn letztlich, so Freud, muss alles Psychische aus unseren animalischen Trieben heraus verstanden werden. In seiner Arztpraxis hatte er aber viele Patienten, die ganz offensichtlich an „Gewissensbissen" litten. In vielen Fällen waren die moralischen Anforderungen, welche die Patienten an sich selbst stellten, schlimmer und unerbittlicher als die Anforderungen der Gesellschaft.

> Man findet bei diesen Personen regelmäßig die Anzeichen eines Widerstreites von Wunschregungen oder, wie wir zu sagen gewohnt sind, eines psychischen Konfliktes. Ein Stück der Persönlichkeit vertritt gewisse Wünsche, ein anderes sträubt sich dagegen und wehrt sie ab. Ohne solchen Konflikt gibt es keine Neurose.[13]

Die Abwehr von Wunschregungen beziehungsweise der Triebverzicht, veranlasst durch das eigene Gewissen, führt also zum Konflikt, insofern eigene Wünsche auf eigene Verbote treffen. Woher aber kommt das schlechte Gewissen, das Gefühl, den eigenen Ansprüchen nicht zu genügen, das Gefühl versagt zu haben, das so vielen seiner Patienten große Schwierigkeiten machte? Freuds Antwort ist einfach. Der Mensch nimmt von klein auf Tabus und Verbote

Freuds Kerngedanke

in seine Psyche auf. Er internalisiert sie und identifiziert sich mit ihnen. Das heißt, alles, was ihm die Eltern, die Lehrer, die Kirche, die Bücher und andere moralische Instanzen sagen, speichert das Kind in seinem Gewissen, dem sogenannten Über-Ich. Und dieses Über-Ich hat die Fähigkeit, sich gegen die eigene Lust zu wenden. Im Hinblick auf diese Eigenheit, so räumt Freud ein, unterscheidet sich der Mensch dann doch vom Tier. Der Mensch kann in einen Konflikt mit seinen eigenen Vorstellungen geraten und sogar neurotisch erkranken.

Zu solcher Entzweiung kommt es vielleicht nur beim Menschen, und darum mag im ganzen und großen die Neurose sein Vorrecht vor den Tieren sein.[14]

Ein Tier, so Freud, kann nicht an einer neurotischen Störung leiden, da es instinktsicher den gesündesten Weg geht, es kennt keine moralischen Skrupel. Es folgt immer dem Wunsch, der gerade am stärksten ist. Ein Hund, der eine leckeren Knochen fressen will, aber gleichzeitig Angst vor einem noch größeren Hund hat, der ebenfalls auf den Knochen zuläuft, wird entweder kämpfen oder weglaufen, aber er wird den Konflikt nicht wochenlang mit sich herumtragen. Ein Mensch, der von seiner Arbeit und seinem Chef gestresst und überfordert ist, will eigentlich weglaufen und kündigen. Weil der Job aber finanziell sehr attraktiv ist, hält er diese Situation aus rationalen Gründen solange aus, bis er unter Umständen neurotisch erkrankt. Natürlich bekommen auch Tiere neurotische Symptome, wenn man sie im Labor lange genug künstlich unter Stress setzt. In der freien Natur aber würden sie sich dem sofort entziehen. Der Mensch hingegen mutet sich vieles zu, was er nicht bewältigen kann. Die menschliche Psyche hat nämlich die erstaunliche und gefährliche Fähigkeit, Konflikten auszuweichen, Konflikte zu leugnen, zu verdrängen und so lange ungelöst zu lassen, bis sie unter Umständen sogar krank machen. Krankheit ist somit für Freud nichts anderes als eine bestimmte Art und Weise, mit Trieben und Triebkonflikten umzugehen. Bei Konflikten können neurotische und psychotische Verhaltensweisen auftreten – auch im Leben gesunder Menschen. Freud beschreibt dies mit Hilfe seines Modells vom psychischen Apparat.

Der psychische Apparat

Die menschliche Psyche besteht nach Freud aus drei verschiedenen Instanzen mit unterschiedlichen Funktionen. Es gibt das Es, das Ich und das Über-Ich. Das Es ist der Bereich der Triebe, Wünsche, Ängste, Sehnsüchte und Lüste. Freud beschreibt das Es auch als:

[...] ein Chaos, einen Kessel voll brodelnder Erregungen. [...] Von den Trieben her erfüllt es sich mit Energie, aber es hat keine Organisation.[15]

Das Es folgt keinerlei vernünftigen Regeln. Es verkörpert die Lust und das Lustprinzip. Säuglinge und Kleinkinder leben ausschließlich aus dem Es heraus. Das Es ist der ursprüngliche und größte Bereich der Psyche.

Die zweite psychische Instanz ist das Über-Ich, also das, was man gemeinhin als „Gewissen" kennt. Im Über-Ich sammeln sich nach und nach Moralvorstellungen, religiöse und soziale Tabus und Verbote, die der Mensch von Kindheit an durch die Eltern, die Schule und die Gesellschaft vermittelt bekommt und verinnerlicht. Im Über-Ich befinden sich beispielsweise Gebote wie „du sollst nicht töten", „du sollst Vater und Mutter ehren", „du darfst nicht stehlen".

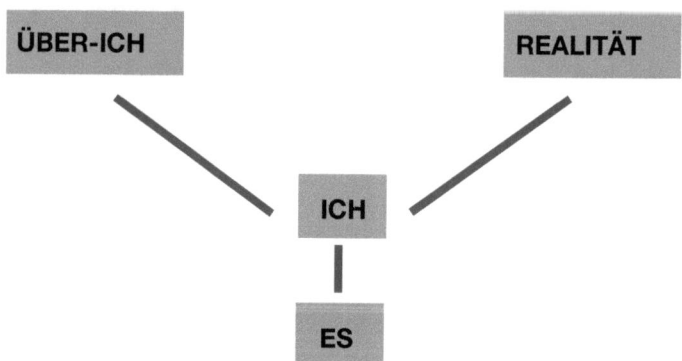

Die dritte Instanz, das sogenannte Ich, ist gewissermaßen die Schaltzentrale des Ganzen. Das Ich hat nämlich die schwierige Aufgabe, die Triebwünsche aus dem Es zu erfüllen und dabei gleichzeitig den

Einschränkungen und Ermahnungen des Über-Ich gerecht zu werden. Das Ich macht die Realitätsprüfung und muss alle Wünsche, Triebziele und entsprechenden Handlungen dem Realitätsprinzip unterwerfen. Das Es hingegen folgt nur dem Lustprinzip. Freud beschreibt die schwierige Aufgabe des Ichs, folgendermaßen:

Ein Sprichwort warnt davor, gleichzeitig zwei Herren zu dienen. Das arme Ich hat es noch schwerer, es dient drei gestrengen Herren, ist bemüht, deren Ansprüche und Forderungen in Einklang miteinander zu bringen. Diese Ansprüche gehen immer auseinander, scheinen oft unvereinbar zu sein; kein Wunder, wenn das Ich so oft an seiner Aufgabe scheitert. Die drei Zwingherren sind die Außenwelt, das Über-Ich und das Es.[16]

Dieses Instanzenmodell ist nach Freud anthropologisch zu verstehen. Das griechische Wort Anthropos heißt auf Deutsch der Mensch. Das heißt, Freud ging es nicht nur darum, psychische Krankheiten zu erklären, sondern generell die Funktionsweise der menschlichen Psyche. Man kann sagen, er hat keinen grundsätzlichen Unterschied gemacht zwischen normalen und pathologischen Verhaltensweisen. Die Grundmuster sind gleich und die Übergänge zwischen normal und neurotisch fließend. In jedem Augenblick unseres Lebens arbeiten die drei Instanzen Ich, Es und Über-Ich fieberhaft zusammen und ringen um das richtige Verhalten in der Realität.

Ein junger Mann geht beispielsweise durch die Straße und sieht eine Zeitung in einem Zeitungskasten. Auf dem Titelbild ist eine wunderschöne Frau zu sehen mit der Schlagzeile: „Skandal - Unerlaubte Nacktbilder von Pamela Anderson". Sofort meldet sich das Es: „Hol die Zeitung aus dem Kasten!"

Jetzt hat der Mann aber seinen Geldbeutel zu Hause gelassen, und sein Ich erkennt: „Wir haben kein Geld dabei". Das Es meldet sich erneut und sagt dem Lustprinzip folgend: „Ist doch ganz egal – sieht doch keiner, los, hol endlich die Zeitung aus dem Kasten!"

Freuds Kerngedanke

ÜBER-ICH
Du sollst nicht stehlen!
Was würde Mutter sagen?
Du musst vorbildlich handeln!

REALITÄT
Kein Geld dabei, aber der Zeitungskasten ist unbeobachtet.

ICH
Muss dem Realitätsprinzip folgen. Muss Wünsche aus dem ES und der Realität vereinen. Muss schnell entscheiden.

ES
Folgt nur dem Lustprinzip; will unbedingt die Zeitung mit nackter Frau. Egal, wie!

Das Ich macht jetzt die Realitätsprüfung und schaut sich um, ob es auffallen würde, die Zeitung ohne Münzeinwurf einfach aus dem Kasten zu nehmen. In dem Moment meldet sich das Über-Ich und sagt: „Bist du verrückt? Was du da vorhast, ist Diebstahl. Das kommt überhaupt nicht in Frage. Selbst wenn dich niemand sieht, ist es unfair, den Zeitungsverkäufer um seinen Verdienst zu bringen. Außerdem sollst du so handeln, dass dein Handeln vorbildlich ist. Stell dir mal vor, alle würden wie du die Zeitung einfach stehlen. Und überhaupt: Was würde Mutter dazu sagen?" Das alles spielt sich in Bruchteilen von Sekunden ab. Wenn nun das Ich dem Triebwunsch nachgibt, kommen vom Über-Ich Selbstbestrafungsimpulse. Wenn das arme Ich aber umgekehrt die Wünsche aus dem Es unterdrückt, entstehen massive Unlustgefühle. Das Ich ist also in der Zwickmühle. Es hat einen Konflikt. Freud sagt hierzu:

> So vom Es getrieben, vom Über-Ich eingeengt, von der Realität zurückgestoßen, ringt das Ich um die Bewältigung seiner ökonomischen Aufgabe [...] und wir verstehen, warum wir so oft den Ausruf nicht unterdrücken können: Das Leben ist nicht leicht! [17]

Wir sehen hier schon Freuds tiefen Zweifel am freien Willen, den die meisten Philosophen hochzuhalten pflegen. In dem geplagten und getriebenen Ich ist wenig von der Freiheit des Bewusstseins zu sehen, das beispielsweise nach Sartre den Menschen wesenhaft auszeichnet. So vergleicht Freud den „freien Willen" des Menschen sogar mit einem etwas hilflosen Reiter, der zwar sein Pferd, also die animalischen Triebe aus dem Es, kontrollieren und in die richtige Richtung lenken will, in Wirklichkeit aber die Kraft seines Pferdes nicht bändigen kann:

Wie dem Reiter, will er sich nicht vom Pferd trennen, oft nichts anderes übrig bleibt, als es dahin zu führen, wohin es gehen will, so pflegt auch das Ich den Willen des Es in Handlungen umzusetzen, als ob es der eigene wäre.[18]

Freud nennt die Fähigkeit des Menschen, zuerst instinktgemäß zu handeln und sich hinterher eine rationale Begründung für sein Tun auszudenken, eine „Rationalisierung". Die Vernunft glaubt zwar, das Handeln zu bestimmen, in Wirklichkeit rechtfertigt sie nur nachträglich die vorausgegangene triebhafte Entscheidung. Noch deutlicher wird Freuds Triebmodell, wenn wir uns die verschiedenen Möglichkeiten anschauen, mit unserer Triebenergie umzugehen.

Libido und Triebbefriedigung

Der Mensch ist in seinem Leben immer von einer Grundenergie angetrieben, der sogenannten Libido.

> Libido ist ein Ausdruck aus der Affektivitätslehre. Wir heißen so die als quantitative Größe betrachtete – wenn auch derzeit nicht messbare – Energie solcher Triebe, welche mit all dem zu tun haben, was man als Liebe zusammenfassen kann.[19]

Das Es als Sammelbecken der Triebe und Sehnsüchte wird von Freud nicht nur als Chaos und als Kessel brodelnder Erregung bezeichnet, sondern an anderer Stelle auch als „Libido-Reservoir". Unter Libido versteht Freud die gesamte Triebenergie im Es. Der Sexualtrieb ist zwar laut Freud die stärkste Antriebskraft des Menschen, aber auch die sexuelle Energie ist nur ein Teil der Libido. So gehört auch die Energie,

Freuds Kerngedanke

die eine Mutter auf ihr Kind oder ein Kind auf seine Brüder, seine Freunde oder den Teddybären richtet, zur Libido. Freud definiert Libido folgendermaßen:

> [...] wir trennen davon nicht ab, was auch sonst an dem Namen Liebe Anteil hat, einerseits die Selbstliebe, andererseits die Eltern- und Kindesliebe, die Freundschaft und die allgemeine Menschenliebe, auch nicht die Hingebung an konkrete Gegenstände und abstrakte Ideen.[20]

Die Libido als zentrale Energie des Menschen ist zwar im Moment nicht messbar, aber sie ist eine quantitative Größe, mit der das Ich irgendwie umgehen muss. Dazu gibt es nach Freud genau vier Möglichkeiten: Triebbefriedigung, Sublimierung, Verdrängung oder Abwehr durch Symptombildung. Das folgende Schema zeigt wieder die drei Instanzen der Psyche, das

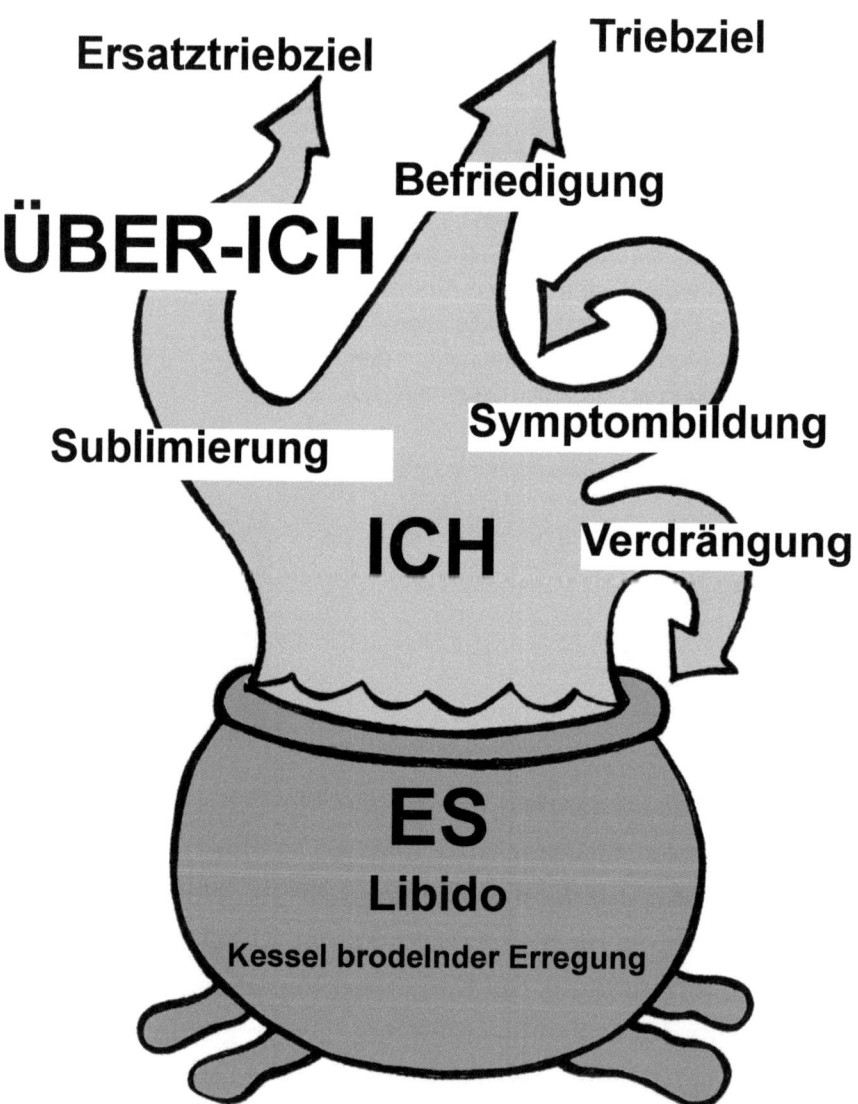

Es, das Ich und das Über-Ich, nur kommt diesmal der triebökonomische Aspekt hinzu.

Die direkte Triebbefriedigung ist die naheliegendste Ich-Leistung: Das Ich führt nach kurzer Realitätsprüfung die Libido direkt auf das gewünschte Triebziel, und es kommt zur Triebbefriedigung. Ein Mann sitzt beispielsweise im Café. Es ist Frühling und er sieht am Nebentisch eine bezaubernde junge Frau. Er lächelt, sie lächelt zurück. Das Es meldet sofort seine Wünsche an. Das Ich reagiert, fasst sich ein Herz, spricht die Frau an und flirtet mit ihr. Es entwickelt sich eine wunderbare Romanze und noch in derselben Nacht kommt es zur Erfüllung aller libidinöser Wünsche. Das Triebziel ist erreicht.

Die Sublimierung

Jetzt wissen wir aber, dass es nicht immer möglich ist, sich alle Wünsche sofort zu erfüllen. Die zweite Möglichkeit besteht nach Freud darin, die Libido zu sublimieren, das heißt, sie auf ein anderes Triebziel umzuleiten. Nehmen wir in unserem Fall einmal an, das Ich wagt es vielleicht nicht, die junge Frau sofort anzusprechen, aus Angst eine Abfuhr zu bekommen. Doch das Es gibt keine Ruhe und fordert: „Los jetzt, du Feigling, das ist unsere Traumfrau! Riskier was!" Und nehmen wir weiter an, dass in dem Moment, in dem das geplagte Ich sich endlich ein Herz fasst und die Frau ansprechen will, überraschend deren Ehemann oder Freund ins Café kommt, sie küsst und sich zu ihr an den Tisch setzt. Dann kann es leicht sein, dass das enttäuschte Ich die angestaute libidinöse Energie auf ein leichter erreichbares Triebziel umleitet und beispielsweise beim Kellner ein Weißbier und eine Käsesahne bestellt. Freilich ein schwacher Trost, aber immerhin ein Lustgewinn. Wie in der geschilderten Situation müssen wir im alltäglichen Leben sehr oft an Stelle der direkten Erreichung des Triebzieles eine Ersatzbefriedigung in Kauf nehmen.

Freuds Kerngedanke

Man nennt diese Fähigkeit, das ursprünglich sexuelle Ziel gegen ein anderes, nicht mehr sexuelles, aber psychisch ihm verwandtes zu vertauschen, die Fähigkeit zur Sublimierung.[21]

Ein klassisches Beispiel für die Sublimierung ist die getrenntgeschlechtliche Erziehung an reinen Mädchen- oder Jungengymnasien, wie es sie in vielen europäischen Ländern noch in den siebziger Jahren gab. Der Sinn dieser Erziehungsmaßnahme bestand darin, dass die Jugendlichen ihre libidinöse Energie nicht auf die gegengeschlechtlichen Sexualpartner richten, sondern auf die Lateinvokabeln. Der Sexualtrieb wird in Lernleistung sublimiert.

> Der Sexualtrieb [...] stellt der Kulturarbeit außerordentliche große Kraftmengen zur Verfügung, und dies zwar in Folge der bei ihm besonders ausgeprägten Eigentümlichkeit, sein Ziel verschieben zu können, ohne wesentlich an Intensität abzunehmen.[22]

Auch Wissenschaftler sublimieren, wenn sie sich an langen Abenden der Forschung widmen. Laut Freud beruhen sogar alle kulturellen Leistungen einer Gesellschaft, also Kunst, Musik, Religion, Philosophie und Recht auf dem Vorgang der Triebsublimierung. Die Kultur nötigt die Menschen, ihr einen Teil der persönlichen Energie zur Verfügung zu stellen, indem sie das direkte Ausleben der Triebe durch Gesetze und moralische Tabus unmöglich macht oder einschränkt.

Ein einfaches, aber aktuelles Beispiel für die gezielte Sublimierung libidinöser Energie auf ein Ersatzziel findet man auch im Bereich des Sportes. Im Trainingslager bei Fußballweltmeisterschaften dürfen bekanntlich keine Frauen in das Camp der Fußballspieler. Insbesondere in der Nacht vor einem wichtigen Spiel ist das strengstens verboten. Es gab deshalb schon Skandale, da immer wieder mal einzelne triebstarke Spieler gegen dieses Tabu verstießen und nachts heimlich über den Zaun des Trainingslagers kletterten.

Der Sinn dieser erzwungenen Askese besteht darin, dass die jungen Männer, in der Terminologie Freuds formuliert, einen Triebstau haben, wobei sich die gestaute Libido zusätzlich mit aggressiven Triebanteilen aus dem Es vermischt. Wenn die Spieler dann den Rasen betreten, übertragen sie unbewusst ihre ganze Wut auf die vermeintlichen Verursacher ihrer Triebunterdrückung, die gegnerische Mannschaft, und spielen mit umso größerem Engagement und gesteigertem Kampfgeist.

Im umgekehrten Fall, wenn die jungen Sportler die ganze Nacht mit ihren Frauen verbracht hätten, würden sie völlig entspannt, zufrieden und gelassen auf das Spielfeld gehen und natürlich verlieren. Die im Sport strategisch eingesetzte Sublimierung von libidinöser Triebenergie in aggressive Entschlossenheit mag harmlos erscheinen; doch von ethnologischer

Seite wird bestätigt, dass auch Indianerstämme im Vorfeld von Kriegszügen sexuell asketisch lebten und sich stattdessen mit ritualisierten Tänzen in die erforderliche Aggressionsstimmung brachten. Der von Freud beschriebene Vorgang der Sublimierung als einer Umlenkung von Triebenergie auf ein anderes Ziel ist eine archaische und verbreitete Fähigkeit der Individuen, die den Kulturaufbau überhaupt erst ermöglicht.

Die Verdrängung

Die dritte Möglichkeit mit der Libido umzugehen, ist die Verdrängung. Das heißt, das Ich sieht sich weder in der Lage, die Libido an sein Triebziel zu führen, noch zu sublimieren. Deshalb verdrängt das Ich die Wünsche und Regungen ganz aus dem Bewusstsein. Verdrängungen passieren im Alltag ständig. Schon wenn morgens der Wecker klingelt, spüren die meisten Menschen aus dem Es eine tiefe Sehnsucht weiterzuschlafen. Das Ich muss aber die Realitätsprüfung machen, auf den Wecker schauen, sich eingestehen, dass es höchste Zeit ist, aufzustehen und zur Arbeit zu gehen. Das Ich verdrängt gezwungenermaßen den Wunsch des Es.

Doch das Unbewusste reagiert bisweilen mit fantasievollen Strategien, um seinen Wunsch weiterzuschlafen dennoch durchzusetzen. Das Es nützt dabei die Situation aus, dass das Ich noch nicht ganz wach und im Vollbesitz seiner Leistungsfähigkeit ist. So berichten viele Menschen, dass sie das Wecksignal am Morgen zwar hören, aber dennoch weiterschlafen, weil das Klingeln in ihren Traum eingebaut wurde. Sie träumen beispielsweise, dass ein vorbeifahrender Zug das rasselnde Geräusch macht. Das Es, das während der Nacht allein regiert und in

Traumbildern verdrängte Wünsche und Konflikte aufarbeitet, betrügt quasi am frühen Morgen das erwachende Bewusstsein, indem es das Ich einlullt und mit Traumbildern weiter im Schlaf hält. Doch in den meisten Fällen obsiegt das Ich, und der Wunsch weiterzuschlafen wird verdrängt. Das Gefährliche an der Verdrängung ist die Tatsache, dass die verdrängte Libido zwar aus dem Ich verbannt, aber damit nicht einfach verschwunden ist, sondern unbewusst präsent bleibt. Und das bedeutet, der Druck wird immer größer, insbesondere dann, wenn es sich nicht nur um kleine Wünsche handelt, sondern um fundamentale Lebensbedürfnisse.

Abwehr und Symptombildung

Wird ein zu großer Teil der Lebenswünsche aus moralischen Gründen oder aus Rücksicht auf Andere nicht mehr in der Realität verwirklicht, dann richtet sich die unterdrückte Libido auf Dauer gegen das eigene Ich. Oder wie Freud sagt:

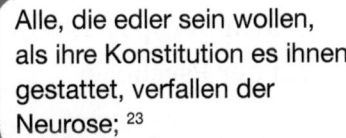

Alle, die edler sein wollen, als ihre Konstitution es ihnen gestattet, verfallen der Neurose; [23]

Der Mensch kann dann an seinem nichtgelebten Leben erkranken. Er braucht immer mehr Kraft, um sein Es im Zaum zu halten, und bildet schließlich zwanghaftes Verhalten beziehungsweise neurotische oder psychotische Symptome aus. Neurotische Symptome sind zum Beispiel Depressionen, Migräne, Hysterie, Waschzwang, Zuckungen oder Lähmungen. Psychotische Symptome sind das Hören innerer

Stimmen, Verfolgungs- oder Größenwahn. Als Folge verdrängter Lebenswünsche können auch organische Krankheiten entstehen. Allgemein kann man jede psychische Erkrankung als Folge einer Stresssituation verstehen, in der das Ich seine Aufgabe nicht mehr erfüllen kann. Es verfällt in Angst, entweder vor den eigenen Trieben oder vor der Wirklichkeit. Je nachdem kommt es, so Freud, zur Flucht in die Neurose oder zur Flucht in die Psychose, beides sind Abwehrmechanismen des überforderten Ichs. Freud gibt uns eine sehr klare und scharfsinnige Definition der beiden großen Gruppen psychischer Krankheiten, der Neurose und der Psychose:

> Die Neurose verleugnet die Realität nicht, sie will nur nichts von ihr wissen; die Psychose verleugnet sie und sucht sie zu ersetzen. [24]

Die Neurose ist insofern ein Abwehrmechanismus und Zufluchtsort für das Ich, als der Kranke durch die einsetzenden Beschwerden in der Regel aus dem Arbeitsprozess ausscheidet und auch sonst nicht mehr so viel vom ihm erwartet wird. Er ist ja krank. Somit kann der Neurotiker der Realität entfliehen, ohne sie zu leugnen.

Der Psychotiker hingegen setzt an der Realität den Hebel an, aber nicht, indem er sie verändert oder ihr entflieht, sondern einfach, indem er sich eine zweite, für ihn angenehmere Welt erfindet. Das Klischee eines Patienten, der seine eigene persönliche Realitätswahrnehmung aufgebaut hat, ist einer, der sich für Napoleon hält und diese Rolle auch gegenüber seiner Umwelt kompromisslos beibehält.

In der Literatur verkörpert Don Quijote eine solche psychotische Persönlichkeit. Er will - entgegen jeder Wirklichkeit - sich und andere glauben machen, dass er ein Ritter sei, der in einer mittelalterlichen und edlen Welt lebt.

Gesund wäre es demnach, weder vor der Wirklichkeit und ihren Zumutungen zu fliehen, noch eine Phantasiewelt an Stelle der belastenden Realität zu setzen, sondern entschlossen an ihrer realen Veränderung zu arbeiten.

Dies zweckmäßige, normale Verhalten führt natürlich zu einer äußeren Arbeitsleistung an der Außenwelt und begnügt sich nicht wie bei der Psychose mit der Herstellung innerer Veränderungen; es ist nicht mehr autoplastisch, sondern alloplastisch.[25]

Freuds Kerngedanke

Therapie und Übertragung

Wenn die psychische Erkrankung also ein Folge davon ist, dass das Ich unter den Belastungen der Realität, den unbändigen Wünschen aus dem Es oder den eigenen strengen Ansprüchen aus dem Über-Ich zusammengebrochen ist, besteht das Ziel der Psychotherapie darin, das geschwächte Ich zu stärken, bis es seine Aufgaben wieder selbst übernehmen kann.

> Das Ich ist durch den inneren Konflikt geschwächt, wir müssen ihm zu Hilfe kommen. [...] wir sichern ihm strengste Diskretion zu und stellen unsere Erfahrung in der Deutung des vom Unbewussten beeinflussten Materials in seinen Dienst. Unser Wissen soll [...] seinem Ich die Herrschaft über verlorene Bezirke des Seelenlebens wiedergeben.[26]

Diese Wiederherstellung des Ich erfolgt durch die Bewusstmachung der krankmachenden und oftmals verdrängten Konflikte. Die Konflikte selbst können durch die Therapie natürlich nachträglich nicht mehr aufgelöst werden. Auch Freud war dieses Problem ganz offensichtlich bewusst, wie folgende Aufzeichnung zeigt:

> Ich habe wiederholt von meinen Kranken, wenn ich ihnen Hilfe oder Erleichterung durch eine kathartische Kur versprach, den Einwand hören müssen: Sie sagen ja selbst, dass mein Leben wahrscheinlich mit meinen Verhältnissen und Schicksalen zusammenhängt; daran können Sie ja nichts ändern; auf welche Weise wollen Sie mir denn helfen? Darauf habe ich antworten können: - Ich zweifle ja nicht, dass es dem Schicksale leichter fallen müsste als mir, Ihr Leiden zu beheben; aber Sie werden sich überzeugen, dass viel damit gewonnen ist, wenn es uns gelingt Ihr hysterisches Elend in gemeines Unglück zu verwandeln. Gegen das letztere werden Sie sich mit einem wiedergenesenen Seelenleben besser zur Wehr setzen können.[27]

In der Therapie soll also nicht die Vergangenheit geändert werden, sondern die Art und Weise, wie vergangene Ereignisse erinnert und empfunden werden. Dabei erfolgt die Umwandlung von hysterischem Leid in gemeines Unglück durch die Bewusstmachung der unbewussten Traumatisierungen. Dies darf aber nicht als Erkenntnisprozess der Vernunft missverstanden werden. Der Patient wird nicht etwa vom Arzt befragt, überzeugt oder beraten, sondern kann vielmehr nur in der freien Assoziation die verschütteten Konflikte wieder auffinden und gegebenenfalls noch einmal gefühlsmäßig durchleben. Hierbei hilft ihm der Psychoanalytiker. Allerdings wiederum nicht durch schlaue Ratschläge oder Ermutigungen, sondern im Gegenteil dadurch, dass er sich zurücknimmt und Transparenz schafft. Der Analytiker sitzt deshalb mit dem Rücken oder zumindest seitlich zum Patienten und überlässt diesen völlig seinen Gefühlen und Erinnerungen. Die ungehemmte Erinnerung des Patienten wird durch das entspannte Liegen auf der Couch gefördert.

Im therapeutischen Prozess kommt dem Psychoanalytiker zusätzlich ein Phänomen zu Hilfe, das es auch im Alltag gibt, die sogenannte „Übertragung". Der Psychoanalytiker, so Freud, tut dem Patienten nur dann etwas Gutes, wenn er sich ihm gewissermaßen als bloßen Spiegel, als Projektionsfläche zur Verfügung stellt. Der Patient kann dann nämlich seine Gefühle gegenüber einer beliebigen Person aus seiner Vergangenheit, die zu einem inneren Konflikt geführt haben, auf den Analytiker übertragen und solchermaßen noch einmal durchleben. Der Analytiker nimmt beispielsweise die Rolle des Vaters ein, der Mutter oder einer beliebigen Person, mit welcher der Patient eine problematische Beziehung hatte. Dabei kann es zu Vorwürfen, Beschimpfungen, Entschuldigungen oder anderen Gefühlsausbrüchen kommen. Der Analytiker hat dies unkommentiert hinzunehmen und so der gesunden und kathartischen Wirkung der Wiederbelebung des verschütteten Konfliktes freien Lauf zu lassen. Der Kern der psychoanalytischen Heilung ist also nicht die rationale Erkenntnis krankmachender Momente in der Vergangenheit oder Gegenwart, sondern das emotionale Wiederbeleben vergangener Konflikte. Es geht nicht nur darum, verdrängte Gefühle zu erkennen und ins Bewusstsein zu holen, sondern diese erneut zu durchleben und anders zu verarbeiten.

Freuds Kerngedanke

Heilung und Psychosynthese

Dabei kommt es laut Freud zu heilsamen affektiven Verschiebungen, also gefühlsmäßigen Umbesetzungen von Begegnungen, Erinnerungen und Situationen. So wird beispielsweise eine Situation, die man bisher als unerträglich demütigend empfunden hat, nur mehr als gewöhnliche Peinlichkeit angesehen. Freud weist in diesem Zusammenhang extra darauf hin, dass die emotionale Neubewertung der Vergangenheit spontan vom Patienten selbst vorgenommen wird und nicht künstlich vom Psychotherapeuten.

So vollzieht sich bei dem analytisch Behandelten die Psychosynthese ohne unser Eingreifen, automatisch und unausweichlich. Durch die Zersetzung der Symptome und die Aufhebung der Widerstände haben wir die Bedingungen für sie geschaffen, es ist nicht wahr, dass etwas im Kranken in seine Bestandteile zerlegt ist, das nun ruhig darauf wartet, bis wir es irgendwie zusammensetzen.[28]

Es geht also letztlich darum, unbewusste Fixierungen, Zwänge und andere Einschränkungen des Wachbewusstseins in der Psychoanalyse zum Vorschein zu bringen, um ihre unterschwellige und lebensbehindernde Kraft zu brechen. Aus den unterdrückten Triebregungen, den unbewältigten Enttäuschungen und traumatischen Erlebnissen in der Vergangenheit sollen aufgearbeitete oder zumindest bewusste Erinnerungen werden, mit denen man umgehen kann.

Freuds Kerngedanke

Aus Es soll Ich werden

Dieser einfache Satz hat bei Freud gleich drei Bedeutungen: Erstens müssen in der Therapie verdrängte Inhalte aus dem Es wieder dem Ich zugänglich gemacht werden. Zweitens gilt der Satz auch für die Entwicklung des Kindes zum Erwachsenen. So muss das Kind, das ursprünglich nur dem chaotischen und spontanen Lustprinzip, also dem des Es folgt, auf dem Weg zum Erwachsenenleben lernen, auch dem Realitätsprinzip Rechnung zu tragen. Das Kind muss also ein Ich ausbilden, das die Bedürfnisse kontrollieren und vernünftigen Zielen zuführen kann.

Wo Es war, soll Ich werden.[29]

Diese Forderung gilt nun aber nicht nur für das Individuum, sondern auch für die Gesellschaft als Ganzes. Und hierin liegt die dritte Bedeutung des kurzen Satzes. So hält Freud auch die Religion für eine kollektive Illusion, die sich aus den Wünschen und Ängsten des Es nährt. Der Lebenstrieb und der libidinöse Wunsch nach unbegrenzter Lusterfüllung aus dem Es kann vom Ich nicht erfüllt werden. Denn die Wirklichkeit hält immer Enttäuschungen, Krankheiten und Entbehrungen bereit. Vor allem aber widerspricht die Tatsache, dass wir sterben müssen, in fundamentaler Weise dem Lustprinzip. Gegen den Tod hat das Ich kein Rezept. Um die Tatsache des Todes nicht ständig vor Augen zu haben, flüchtet das Ich in die Religiosität und damit in eine Art kollektive Psychose. Das Ich halluziniert ein ewiges Leben nach dem Tod. Dem starken Wunsch nach Unsterblichkeit entspricht nach Freud der ebenso starke Glaube an ein jenseitiges Paradies:

> Diese [die religiösen Vorstellungen], die sich als Lehrsätze ausgeben, sind nicht Niederschläge der Erfahrung oder Endresultate des Denkens, es sind Illusionen, Erfüllungen der ältesten, stärksten, dringendsten Wünsche der Menschheit; das Geheimnis ihrer Stärke ist die Stärke dieser Wünsche.[30]

Gott als allmächtiger, strafender und tröstender Übervater, so Freud, ist nichts anderes als eine Projektion des leiblichen Vaters. Auch als Erwachsener will man den Schutz und die frühkindliche Geborgenheit nicht missen. Durch den Glauben an Gottvater gelingt es dem Ich, die Kindheitserfahrung des Beschütztwerdens in das Erwachsenenleben hinüberzuretten. Doch die Trostfunktion der Religion wird erkauft mit einer Art psychotischer Wirklichkeitsflucht. Auch das sich wiederholende religiöse Zeremoniell hat zwanghaften Charakter und verhindert die Bewusstwerdung des Menschen.

Das Essen der Hostie, also des Leibes Christi, ist, so Freud, ein uraltes Ritual zur Stärkung der Psyche durch die Identifikation mit dem mächtigen Übervater. Dieses Verhalten – also die rituelle Identifikation durch Verspeisung – findet man auch in vielen Urgesellschaften. Dort wird das Totemtier gemeinsam verzehrt, auf dass seine Aura und Kraft auf die Teilnehmer übergehe.

Der Glaube an ein Weiterleben im Paradies mag über die Schutzlosigkeit des Daseins hinwegtäuschen, aber, so Freud, aus Es soll Ich werden! Deshalb muss die Menschheit erwachsen werden und sich von der Illusion eines Gottes trennen:

> Gewiss wird der Mensch sich dann in einer schwierigen Situation befinden, er wird sich seine ganze Hilflosigkeit, seine Geringfügigkeit im Getriebe der Welt eingestehen müssen, nicht mehr der Mittelpunkt der Schöpfung, nicht mehr das Objekt zärtlicher Fürsorge einer gütigen Vorsehung. Er wird in derselben Lage sein wie das Kind, welches das Vaterhaus verlassen hat, in dem es ihm so warm und behaglich war. Aber nicht wahr, der Infantilismus ist dazu bestimmt, überwunden zu werdon? [31]

Auch die Philosophie bezeichnet Freud, ähnlich wie die Religion, als eine große Illusion. Er rückt die Philosophie sogar in die Nähe der wahnhaften Erkrankungen:

Freuds Kerngedanke

> [...] und selbst die Wahnbildungen der Paranoiker zeigen eine unerwünschte äußere Ähnlichkeit und innere Verwandtschaft mit den Systemen unserer Philosophen.[32]

Auch die Philosophen versuchen, wie manche Paranoiker die ganze Welt unter einem einzigen Aspekt zu interpretieren, zu ordnen und zu kontrollieren. Bei Nietzsche war es der Wille zur Macht, bei Hegel der Weltgeist, bei Kant die Vernunft, bei Marx die Produktionsverhältnisse, auf die sie zwanghaft alle Erscheinungen zurückgeführt haben.

Dieser weltordnende Aspekt kann bei manchen Paranoikern schlicht die Haarfarbe sein. Sie können sich von blonden Menschen verfolgt oder benachteiligt fühlen. Sie können alles in der Gesellschaft und der Welt daraufhin interpretieren, dass Blonde mehr Chancen, mehr Macht und mehr Möglichkeiten als

Dunkelhaarige hätten. Ihr eigenes Leben sehen sie als gescheitert an, da sie schwarzhaarig sind. Diese Benachteiligung finden sie im Alltag immer wieder, da sie die Welt nur unter diesem Aspekt sehen wollen. So sind Nachrichtensprecherinnen immer blond; gleiches gilt für Filmstars etc. Aber auch das Rechtssystem ist von Blonden beherrscht, so dass Urteile gegen Blonde milder ausfallen. Blondinenwitze sind zwar eine Abwertung der Blonden, dienen aber nur der Bewältigung der tief empfundenen Minderwertigkeit der Schwarzhaarigen.

Ähnlich zwanghaft versuchen nach Freud auch die großen Systemphilosophen die Vielfältigkeit der Welt auf den von ihnen gewählten Blickwinkel zu verkurzen. So verdrängen sie, dass man die Phänomene der Realität, wie sie uns begegnet, nicht kontrollieren kann. Genau wie die Religion verspricht die Philosophie den Menschen eine Welterklärung, die es prinzipiell nicht geben kann.

Die Philosophie ist aber laut Freud bei Weitem nicht so gefährlich wie die Religion, denn die komplizierten Systeme und Schriften der Philosophen werden nur von wenigen Menschen gelesen. Die Religion hingegen ist weit verbreitet und hält die Menschheit mit ihrer großen Verheißung davon ab, sich der wahren Bestimmung zu widmen. Der Mensch sollte, so

Freuds Kerngedanke

Freud, seine Energie vom Jenseits abziehen und auf das Diesseits richten:

> Dadurch, dass er seine Erwartungen vom Jenseits abzieht und alle frei gewordenen Kräfte auf das irdische Leben konzentriert, wird er wahrscheinlich erreichen können, dass das Leben für alle erträglich wird und die Kultur keinen mehr erdrückt.[33]

In diesem Zitat klingt bereits Freuds Sorge an, dass viele Menschen von der Kultur „erdrückt" werden könnten. Er sieht die Gesellschaft mit ihren religiösen und moralischen Regeln eher skeptisch.

Das Unbehagen in der Kultur

Freud hat stets überkommene Normen kritisiert und eine freiere und lustvollere Entfaltung der Menschen gefordert. Es sei kein Wunder, dass so viele erkranken, depressiv oder neurotisch werden, wenn ihnen von der Gesellschaft kaum die Chance auf Entfaltung und ein lustvolles Leben gegeben wird:

> Wenn aber eine Kultur es nicht darüber hinaus gebracht hat, dass die Befriedigung einer Anzahl von Teilnehmern die Unterdrückung einer anderen, vielleicht der Mehrzahl zur Voraussetzung hat, und dies ist bei allen gegenwärtigen Kulturen der Fall, so ist es begreiflich, dass diese Unterdrückten eine intensive Feindseligkeit gegen die Kultur entwickeln [...].[34]

Freuds Kerngedanke

> Es braucht nicht gesagt zu werden, dass eine Kultur, welche eine so große Zahl von Teilnehmern unbefriedigt lässt und zur Auflehnung treibt, weder Aussicht hat, sich dauernd zu erhalten, noch es verdient.[35]

Daher ist es durchaus verständlich, dass viele Menschen ein Unbehagen in der Kultur empfinden. Andererseits brauchen wir eine Gesellschaft mit Regeln und Gesetzen, da der Mensch laut Freud auch über ein gefährliches Aggressionspotential verfügt:

> Die Existenz dieser Aggressionsneigung, die wir bei uns selbst verspüren können, beim anderen mit Recht voraussetzen, ist das Moment, das unser Verhältnis zum Nächsten stört und unsere Kultur zu ihrem Aufwand nötigt.[36]

Nur indem es der Kultur gelingt, in unserem Über-Ich die moralischen Werte für Recht und Unrecht zu verankern, kann unser Zusammenleben funktionieren. Das reine Lustprinzip, also das egoistische und rücksichtslose Ausleben der eigenen Bedürfnisse und Triebe wird auch seit jeher mit entsprechenden moralischen Geboten in Zaum gehalten.

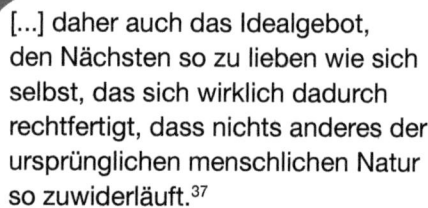

[...] daher auch das Idealgebot, den Nächsten so zu lieben wie sich selbst, das sich wirklich dadurch rechtfertigt, dass nichts anderes der ursprünglichen menschlichen Natur so zuwiderläuft.[37]

Freud war also trotz seiner Gesellschaftskritik kein Revolutionär. Ihm ging es als Arzt und Psychologe vor allem darum, den einzelnen Menschen, ob krank oder gesund, zu ermutigen und zu befähigen, sein Leben lustvoll und entschlossen zu leben.

Was nützt uns Freuds Entdeckung heute?

Dem Lustprinzip folgen: Lustgewinn suchen – Unlust vermeiden

Freuds Appell ist zunächst einfach und klar. In seiner Psychoanalyse und seinen Schriften ermutigt er die Menschen, ein selbstbestimmtes Leben zu führen und ihre Wünsche soweit es möglich ist, auszuleben. Denn der Mensch ist von seiner ganzen Anlage her kein von der Natur losgelöstes Geistwesen, kein Ebenbild Gottes, sondern ein, wie Freud sagt, „Homo Natura", ein Naturwesen mit Trieben und Bedürfnissen. Der Mensch strebt naturgegeben nach umfassender Befriedigung seiner Lustansprüche.

Das Lustprinzip, also die Suche nach Lustgewinn und die Vermeidung von Unlust, ist ein unauslöschliches Erbe unserer animalischen Herkunft. Jedes Tier paart sich, wenn es Gelegenheit und Lust dazu hat, frisst, wenn es Hunger hat und zieht sich zurück, wenn es eine Bedrohung wahrnimmt. Auch im menschlichen

Wesen ist das Lustprinzip tief verankert. So wie uns Schmerzempfindungen davor warnen, uns zu verbrennen, warnen uns Angst und Unlust vor Verletzungen der Psyche. Dieser sinnvolle Mechanismus erfüllt seit Jahrmillionen seinen Zweck. Er sichert den Fortbestand und macht das Leben angenehm. Wir vermeiden Begegnungen, Beziehungen und Situationen, die wir als bedrohlich, frustrierend oder langweilig empfinden und suchen Kontakte und Situationen, die wir als lustvoll, bereichernd und beglückend erfahren. Freuds erste fundamentale Entdeckung ist ebenso einfach wie selbstverständlich: Lebe nach dem Lustprinzip. Suche den Lustgewinn und vermeide Unlust, wo immer dies möglich ist!

Aus Es soll Ich werden – vom Lustprinzip zum Realitätsprinzip

Allerdings - und das wusste Freud natürlich - ist die Erfüllung unserer Wünsche und Bedürfnisse nicht immer einfach, manchmal sogar unmöglich. Bereits als Kind hat man Einschränkungen hinzunehmen und erst recht als Erwachsener. Letztlich, so resümiert Freud, ist es unmöglich, uneingeschränkt nach dem Lustprinzip zu leben:

> Dies Prinzip [das Lustprinzip] beherrscht die Leistung des seelischen Apparates von Anfang an; an seiner Zweckdienlichkeit kann kein Zweifel sein, und doch ist sein Programm im Hader mit der ganzen Welt, mit dem Makrokosmos ebensowohl wie mit dem Mikrokosmos. Es ist überhaupt nicht durchführbar, alle Einrichtungen des Alls widersprechen ihm; man möchte sagen, die Absicht, dass der Mensch ‚glücklich' sei, ist im Plan der ‚Schöpfung' nicht enthalten.[38]

Es gehört sozusagen zur tragischen Naturausstattung des Menschen, dass er sich erheblich mehr vorstellen und wünschen kann, als die Realität je zu befriedigen in der Lage ist. Allein deshalb ist dauerhaftes Glück unmöglich. Mag die Lust auch grenzenlos sein, die Wirklichkeit ist es nicht. Man hat nicht immer das zu essen, worauf man gerade Appetit hat; wohnt nicht immer an dem Ort, an dem man sich am wohlsten fühlt; arbeitet nicht in dem Beruf, in dem man sich verwirklichen kann, und lebt vielleicht nicht mal in der Partnerschaft, die man sich erträumt. Das Leben ist eine permanente Baustelle. Es fehlt an Geld, Zeit und Gelegenheit, seinen Wünschen umfassend nachzugehen; hinzu kommen Krankheiten, Unfälle, kleine und große Katastrophen, die dem Lustprinzip immer wieder einen Strich durch die Rechnung machen. Selbst der ganz normale Alterungsprozess, die ersten grauen Haare, die zunehmende Gebrechlichkeit müssen als vorgezeichnete Lusteinbußen hingenommen werden.

Als größte Zumutung für das Lustprinzip aber wartet am Ende der Tod. Letztlich, so Freud, ist der Widerspruch zwischen Lust und Realität nie zu versöhnen. Er muss vielmehr als fundamental angesehen werden. Das bedeutet: Das menschliche Dasein selbst ist dieser Widerspruch. Deshalb besteht die große

Aufgabe des Lebens nach Freud darin, den Konflikt zwischen unendlicher Lust und begrenzter Realität anzunehmen und das Beste daraus zu machen: frei, aufrecht und ehrlich. Frei von verdrängten Erlebnissen aus der Vergangenheit, aufrecht angesichts der Herausforderungen der Realität und ehrlich gegenüber den eigenen Bedürfnissen sowie gegenüber anderen Menschen. Dazu gehört auch, mit seinen Niederlagen, Versagungen und Enttäuschungen zu leben, sie nicht zu verdrängen, ihnen aber auch keine Macht über die Zukunft zu geben.

Zwischen Scylla und Charybdis – das Geheimnis der guten Erziehung

Es ist wichtig, trotz der Einschränkungen, die das Leben uns auferlegt, seine Bedürfnisse zu artikulieren. Ein gesundes Ich, so Freud, akzeptiert seine eigenen Wünsche und versucht an ihrer Realisierung zu arbeiten. Dabei gilt es Maß zu halten. Man kann nämlich sein Leben zu groß planen, sich zu viel wünschen und dann ein Leben lang der Realisierung hinterher laufen. Man kann aber auch den umgekehrten Fehler machen, sich zu wenig vornehmen und dann an der Unterforderung zu Grunde gehen.

Freud selbst war sehr ehrgeizig und hatte stets große Angst zu versagen. Seine Mutter hatte ihm sehr früh gesagt: „Aus dir Sigmund wird mal etwas ganz Besonderes". Dies war für ihn Belastung und Ansporn zugleich. In seinem Fall führte diese Kombination zum Erfolg. Doch nicht immer können Kinder den Erwartungen der Eltern entsprechen und leiden dann unter Versagensängsten. Der Erziehung kommt somit eine schillernde Rolle zu. Einerseits sollen die Erwachsenen die Kinder in ihrem Tatendrang ermutigen, andererseits, so Freud, müssen sie ihnen vermitteln, dass das Leben auch Verzicht bedeutet. Irgendwo in der Mitte liegt der richtige Weg:

Was nützt uns Freuds Entdeckung heute?

Die Erziehung hat also ihren Weg zu suchen zwischen der Scylla des Gewährenlassens und der Charybdis des Versagens.[39]

Das Kind soll Triebbeherrschung lernen. Ihm die Freiheit geben, dass es uneingeschränkt allen seinen Impulsen folgt, ist unmöglich. Es wäre ein sehr lehrreiches Experiment für Kinderpsychologen, aber die Eltern könnten dabei nicht leben und die Kinder selbst würden zu großem Schaden kommen, wie es sich zum Teil sofort, zum anderen Teil in späteren Jahren zeigen würde. Die Erziehung muss also hemmen, verbieten, unterdrücken und hat dies auch zu allen Zeiten reichlich besorgt.[40]

Erziehung ohne Autorität, so Freud, schiebt die Konfrontation mit der versagenden Wirklichkeit nur hinaus und verzögert das Erlernen des Realitätsprinzips. Eine zu restriktive Erziehung aber nimmt umgekehrt dem Kind den Mut, seine Vorstellungen und Wünsche energisch zu verfolgen. Freuds pädagogisches Vermächtnis an uns ist daher ein doppeltes: Wir müssen die Kinder in ihrem Tatendrang bestätigen und sie gleichzeitig behutsam an die kleinen und großen Verbote unserer Kultur heranführen. Denn niemand kann ein Leben lang Kind bleiben und nur seinen Triebregungen folgen. Aus Es soll Ich werden.

Angst gehört zum Leben – mit ihr umgehen lernen, heißt leben lernen

Letztlich geht es für den Menschen darum, sein Leben zu bewältigen. Natürlich ist diese Aufgabe nicht einfach. Es gibt Tage und Lebensphasen, da will einfach nichts gelingen. Wenn das Ich dann auf zu viele Wünsche verzichten muss, wenn die Realität unüberwindlich scheint oder das eigene Über-Ich uns erdrückt, dann bricht das Ich zusammen. Es kann seine Aufgabe nicht mehr übernehmen und den Alltag nicht mehr bewältigen. Es verfällt in Angst vor den eigenen Triebbedürfnissen, weil es diese weder ausleben noch unterdrücken kann, oder in Angst vor der Wirklichkeit, weil es den Anforderungen der Außenwelt nicht mehr gewachsen ist. Oder es verfällt in Gewissensangst vor dem strafenden Über-Ich, dem eigenen Idealbild, dem es nicht mehr genügen kann:

Wenn das Ich seine Schwäche einbekennen muss, bricht es in Angst aus, Realangst vor der Außenwelt, Gewissensangst vor dem Über-Ich, neurotische Angst vor der Stärke der Leidenschaften im Es.[41]

Diese Angst, das Leben nicht mehr gestalten zu können, muss abgewehrt werden. Das Ich flüchtet sich dann entweder in die Neurose oder die Psychose. In der Neurose wird die unerträgliche gewordene Realität noch anerkannt, aber die Auseinandersetzung mit ihr durch die Krankheit vermieden. In der Psychose wird die unerträglich gewordene Realität einfach verleugnet und durch eine eingebildete Phantasiewelt ersetzt.

Auch der gesunde Mensch reagiert mit solchen Abwehrmechanismen. Wer hat sich selbst nicht schon dabei ertappt, wie er sich die Welt zurechtgelegt und sich eine unangenehme Situation schöngeredet hat? Wer hat nicht schon mal einen Termin oder eine Begegnung unbewusst vermieden, indem er krank geworden ist oder den Termin total vergessen hat? Ob unbewusst oder bewusst, ob psychisch labil oder gesund - jeder Mensch, so Freud, muss bei der Bewältigung seiner Lebensaufgabe immer wieder Konflikte und Widersprüche meistern. Kein einziges Menschenleben ist nur von Glück und Erfolg geprägt. Und selbst die Glücklichen sind nicht sorgenfrei, denn sie sorgen sich um ihr zukünftiges Glück.

Im Grunde kennt also jeder von uns die Angst, das Leben nicht mehr bewältigen zu können. Dieses Grundgefühl, das uns mal stärker, mal weniger stark erfasst, ist nach Freud Ausdruck der existenziellen Konstitution des Menschen. Denn die Möglichkeit, Angst zu haben, entspringt letztlich der Tatsache, dass das menschliche Leben sich nicht von selbst lebt. Freuds tiefste und vielleicht wichtigste Botschaft lautet daher: Angst gehört zum Leben.

Wenn das Ich seine Aufgabe aus eigener Kraft nicht mehr bewältigen kann und von Existenzangst gelähmt wird, spricht Freud von Ich-Schwäche. Das Ich braucht dann eine Auszeit, um sich zu erholen. Oft genügt bereits eine Veränderung der Arbeits- oder Beziehungssituation. Manchmal bedarf es aber auch der professionellen Hilfe eines Arztes oder Psychologen. Meist genügt es, wenn gute Freunde oder Freundinnen zuhören und dem Betroffenen beistehen. Diesen Beistand können und müssen wir leisten. Dafür sind wir Menschen.

Freud vertrat mit Nachdruck die Auffassung, dass auch Laien ohne ärztliche Ausbildung anderen Menschen bei seelischen Problemen beistehen können. Gerade die Laienanalyse, so Freud, sei eine wichtige und in allen Kulturen seit jeher in verschiedenen Abwandlungen praktizierte Lebenshilfe. Denn die Grundlage der psychoanalytischen Gesprächsführung, die Toleranz und Aufgeschlossenheit für das, was den Gesprächspartner bewegt oder bekümmert, die Spiegelung und Deutung seiner Gefühle in einer ungezwungenen und freien Atmosphäre, bedürfe keines Medizinstudiums. Für diese These hat ihn die mächtige amerikanische Psychoanalytic Association scharf kritisiert, da sie nur Ärzte für die psychoanalytische Gesprächstherapie zulassen wollte. Doch Freud blieb dabei, dass jeder Mensch, wenn er einfühlsam und aufmerksam ist, anderen helfen kann. Da alle Menschen im Laufe ihres Lebens aufgrund ihrer natürlichen Ausstattung ähnliche Freuden und Ängste teilen, sind sie auch prinzipiell in der Lage, die Gefühle anderer verstehen und deuten zu können.

Und das ist vielleicht das wichtigste Erbe, das uns Sigmund Freud hinterlassen hat. Als erster Denker überhaupt erkannte er die tiefe Wirkung des Gespräches zwischen Mensch und Mensch und forderte uns zu entsprechender Sorgfalt auf:

Was nützt uns Freuds Entdeckung heute?

[...] das Wort [...] ist das Mittel, durch welches wir einander Gefühle kundgeben, der Weg, auf den anderen Einfluss zu nehmen. Worte können unsagbar wohl tun und fürchterliche Verletzungen zufügen.[42]

Zitatverzeichnis

1 Zitat, Sigmund Freud, Das Unbehagen in der Kultur, Gesammelte Werke, 2. Auflage, Frankfurt a. Main 1964 (im Folgenden abgekürzt als GW), Band XIV, S. 434
2 Zitat, Eine Schwierigkeit der Psychoanalyse, GW, Band XII, S. 8
3 Zitat, Eine Schwierigkeit der Psychoanalyse, GW, Band XII, S. 11
4 Zitat, Bewusstsein und Unbewusstes, GW, Band XIII, S. 239
5 Zitat, Die Handhabung der Traumdeutung in der Psychoanalyse, GW, Band VIII, S. 354
6 Zitat, Sigmund Freud, Briefe an Wilhelm Fliess 1887-1904, hrsg. von Jeffrey Moussaieff Masson, Bearbeitung der deutschen Fassung von Michael Schröter, Transkription von Gerhard Fichtner, S. Fischer Verlag, Frankfurt am Main 1985, S. 437
7 Zitat, Die kulturelle Sexualmoral und die moderne Nervosität, GW, Band VII, S. 154
8 Zitat, Drei Abhandlungen zur Sexualtheorie, GW, Band V, S. 82
9 Zitat, Drei Abhandlungen zur Sexualtheorie, GW, Band V, S. 82
10 Zitat, Drei Abhandlungen zur Sexualtheorie, GW, Band V, S. 108
11 Zitat, Vorlesungen zur Einführung in die Psychoanalyse, GW, Band XI, S. 211
12 Zitat, Vorlesungen zur Einführung in die Psychoanalyse, GW, Band XI, S. 211 f.
13 Zitat, Vorlesungen zur Einführung in die Psychoanalyse, GW, Band XI, S. 362
14 Zitat, Vorlesungen zur Einführung in die Psychoanalyse, GW, Band XI, S. 429
15 Zitat, Neue Folge der Vorlesungen zur Einführung in die Psychoanalyse, GW, Band XV, S. 80
16 Zitat, Neue Folge der Vorlesungen zur Einführung in die Psychoanalyse, GW, Band XV, S. 84
17 Zitat, Neue Folge der Vorlesungen zur Einführung in die Psychoanalyse, GW, Band XV, S. 84, f.
18 Zitat, Das Ich und das Es, GW, Band XIII, S. 253
19 Zitat, Massenpsychologie und Ich-Analyse, GW, Band XIII, S. 98
20 Zitat, Massenpsychologie und Ich-Analyse, GW, Band XIII, S. 98
21 Zitat, Die kulturelle Sexualmoral und die moderne Nervosität,

GW, Band VII, S. 150
22   Zitat, Die kulturelle Sexualmoral und die moderne Nervosität, GW, Band VII, S. 150
23   Zitat, Die kulturelle Sexualmoral und die moderne Nervosität, GW, Band VII, S. 154
24   Zitat, Der Realitätsverlust bei Neurose und Psychose, GW, Band XIII, S. 365
25   Zitat, Der Realitätsverlust bei Neurose und Psychose, GW, Band XIII, S. 365 f.
26   Zitat, Abriss der Psychoanalyse, GW, Band XVII, S. 98
27   Zitat, Studien über Hysterie, GW, Band I, S. 311 f.
28   Zitat, Wege der psychoanalytischen Therapie, GW, Band XII, S. 186
29   Zitat, Neue Folge der Vorlesungen zur Einführung in die Psychoanalyse, GW, Band XV, S. 86
30   Zitat, Die Zukunft einer Illusion, GW, Band XIV, S. 352
31   Zitat, Die Zukunft einer Illusion, GW, Band XIV, S. 373
32   Zitat, Vorrede zu ‚Probleme der Religionspsychologie', GW, Band XII, S. 327
33   Zitat, Die Zukunft einer Illusion, GW, Band XIV, S. 373 f.
34   Zitat, Die Zukunft einer Illusion, GW, Band XIV, S. 333
35   Zitat, Die Zukunft einer Illusion, GW, Band XIV, S. 333
36   Zitat, Das Unbehagen in der Kultur, GW, Band XIV, S. 471
37   Zitat, Das Unbehagen in der Kultur, GW, Band XIV, S. 471
38   Zitat, Die Zukunft einer Illusion, GW, Band XIV, S. 434
39   Zitat, Neue Folge der Vorlesungen zur Einführung in die Psychoanalyse, GW, Band XV, S. 160
40   Zitat, Neue Folge der Vorlesungen zur Einführung in die Psychoanalyse, GW, Band XV, S. 160
41   Zitat, Neue Folge der Vorlesungen zur Einführung in die Psychoanalyse, GW, Band XV, S. 85
42   Zitat, Die Frage der Laienanalyse. Unterredungen mit einem Unparteiischen, GW, Band XIV, S. 214

In dieser Reihe erschienen:

Walther Ziegler
Camus in 60 Minuten
2. Auflage: Juli 2015
84 Seiten, Paperback, € 9,99
ISBN 978-3-7347-8170-4

Walther Ziegler
Freud in 60 Minuten
2. Auflage: Juli 2015
96 Seiten, Paperback, € 9,99
ISBN 978-3-7347-8024-0

Walther Ziegler
Hegel in 60 Minuten
2. Auflage: Juli 2015
128 Seiten, Paperback, € 9,99
ISBN 978-3-7347-8128-5

Walther Ziegler
Heidegger in 60 Minuten
2. Auflage: Juli 2015
108 Seiten, Paperback, € 9,99
ISBN 978-3-7347-8169-8

Walther Ziegler
Kant in 60 Minuten
2. Auflage: Juli 2015
144 Seiten, Paperback, € 9,99
ISBN 978-3-7347-8172-8

Walther Ziegler
Marx in 60 Minuten
2. Auflage: Juli 2015
112 Seiten, Paperback, € 9,99
ISBN 978-3-7347-8154-4

Walther Ziegler
Platon in 60 Minuten
2. Auflage: Juli 2015
112 Seiten, Paperback, € 9,99
ISBN 978-3-7347-8158-2

Walther Ziegler
Rousseau in 60 Minuten
2. Auflage: Juli 2015
112 Seiten, Paperback, € 9,99
ISBN 978-3-7347-2555-5

Walther Ziegler
Sartre in 60 Minuten
2. Auflage: Juli 2015
116 Seiten, Paperback, € 9,99
ISBN 978-3-7347-8156-8

Walther Ziegler
Smith in 60 Minuten
2. Auflage: Juli 2015
100 Seiten, Paperback, € 9,99
ISBN 978-3-7347-8157-5

Große Denker in 60 Minuten

Sämtliche Bücher der Reihe sind auch gebunden als Hardover im gleichen Verlag erschienen.

Demnächst in dieser Reihe:

Walther Ziegler
Adorno in 60 Minuten

Walther Ziegler
Arendt in 60 Minuten

Walther Ziegler
Bacon in 60 Minuten

Walther Ziegler
Descartes in 60 Minuten

Walther Ziegler
Foucault in 60 Minuten

Walther Ziegler
Habermas in 60 Minuten

Walther Ziegler
Hobbes in 60 Minuten

Walther Ziegler
Nietzsche in 60 Minuten

Walther Ziegler
Popper in 60 Minuten

Walther Ziegler
Rawls in 60 Minuten

Walther Ziegler
Schopenhauer in 60 Minuten

Walther Ziegler
Wittgenstein in 60 Minuten

Der Autor:

Dr. Walther Ziegler hat Philosophie, Geschichte und Politik studiert. Als Auslandskorrespondent, Reporter und Nachrichtenchef des Fernsehsenders ProSieben produzierte er Filme auf allen Kontinenten. Seine Reportagen wurden mehrfach preisgekrönt. Seit 2007 bildet er in München junge TV-Journalisten aus und leitet die Medienakademie auf dem Gelände der Bavaria Film, eine Hochschulbildungseinrichtung für Film- und Fernsehstudiengänge. Er ist zugleich Autor zahlreicher philosophischer Bücher. Als langjährigem Journalisten gelingt es ihm, das komplexe Wissen der großen Philosophen spannend und verständlich darzustellen.